ORATÓRIO

1ª edição | São Paulo, 2023

ORATÓRIO

ANA SALVAGNI

LARANJA ● ORIGINAL

Para minha mãe, Neide Ramos Salvagni

AGRADEÇO

aos meus queridos filhos e a todos os de perto, com quem tenho a alegria e a sorte de percorrer a poesia dos dias

a Aercio Flavio Consolin, caro amigo e artista admirável da escrita e dos pincéis, pelo presente em forma de prefácio

a Filipe Eduardo Moreau e à editora Laranja Original, pelo incentivo e suave acolhida

a Germana Zanettini, pelo trabalho sensível e primoroso

a Jo de Souza, pelos raros encontros de preciosa escuta, fala e vida compartilhada

a Kátia Nascimento, querida amiga, por tão hábil e sincera criação, abraçando a poesia e a ela incorporando a sua arte

especialmente ao poeta Ricardo Lima, sempre generoso e preciso, pela fundamental contribuição a este livro

(...)
Como quem semeia, rigoroso, os cardos
Sobre a areia, hei de ficar exata e coerente
Construindo o meu verso, até que a morte
Me descubra um dia, provavelmente

Como quem passeia.

Júbilo, memória, noviciado da paixão
HILDA HIST

ANA SOA

Cantando, como a água marulha, Ana soa: toda ela musical. A voz suave como sua pessoa veste melodias com sonoridade singular e própria. Pautas, claves, acordes, arpejos, harmonias técnicas plenamente convergentes com a harmonia interpretativa de uma artista de sólido lastro.

A formação acadêmica fez de Ana um arauto da música pelo repertório que resulta de pesquisa no autêntico cancioneiro do Brasil e suas gravações registram achados preciosos, joias resgatadas das arcas de um tesouro sonoro atemporal. Rege corais e ensina canto espalhando sons como quem semeia jardins. Compila composições que vão da música medieval ao folclore brasileiro e de outras plagas.

E eis que a cantante se desdobra em poeta. Está em seu terceiro livro e surpreende pelo avanço qualitativo do seu trabalho literário. Poesia é palavra encantada e não está disponível a muitos. A caminhada pelas letras tem lhe feito muito bem. Na sua escrita poética não há espaço para falsa ourivesaria e a excelência reside na concisão dos versos. Quem faz da palavra o instrumento de trabalho sabe que a dificuldade da criação artística está em que elas não dão conta de expressar a intensidade das emoções. Embora o pensar seja apalavrado, a intuição mobilizada é um estado de espírito, cuja natureza escapa do dizer. Há necessariamente uma discrepância na velocidade do registro. Nessa corrida desigual, cabe ao escritor reproduzir no texto – prosa ou poesia – a intensidade contida no sentimento pedindo passagem e motivando o ato de criar. É o momento cerebral da criação. A prosa, mais caudalosa, passeia num espaço de ação mais largo que o concedido ao apuro e precisão da poesia.

Os poemas deste Oratório são repassados de uma religiosidade que remete à raiz etimológica da palavra *religião*. No latim, *religare* se traduz por *ligar outra vez* ou *ligar fortemente*. A ligação constatável no conjunto de poemas é a do indivíduo com sua *anima*, a expansão do pensamento na vastidão infinita de que é dotada a pessoa com sensibilidade à flor da ideia, e talento para expressá-la. Há prece, sim, mas a divindade a que se dirigem as súplicas tem um caráter panteísta, bucólico e sincrético. Outra espécie de religião emana dos poemas: é o *ligar fortemente* o indivíduo à percepção de si, dos anseios da alma buscando localizá-los nas amplidões da Natureza ou no corpo humanamente frágil e assediado por aflições e necessidades que estimulam reações. Os versos revelam maturidade literária no tom da admiração pelas paisagens mínimas que o olho atento e sensível emoldura. São paisagens do mundo ao qual Ana se afeita: a casa e o quintal, os objetos, os propósitos, as constatações, as cores e as premências que a emoção detecta para transformar em poemas.

Os versos têm decisão e vigor que a feminilidade não esconde mas reforça. A sensualidade floresce em "canapés de camélia" ou "talos de antúrio" reconhecendo iniludíveis as exigências físico-emocionais. Pontilham referências à natureza, também esta sacralizada e mística. Dez poemas se intitulam "Prece" que são dirigidas a divindades entronizadas nos altares internos da mente ou esparsos pela terra ou pelo ar. Suplicam por mudanças, reconforto, adestramento dos sentidos, ampliação de limites na contemplação. Prostram-se simbolicamente aos pés do "altar das belezas" ou do "anjo sereno", do "anjo nosso da noite de ninguém", do "deus de toda a natureza" e da "deusa mãe do universo" além de outras potestades. E das Nossas Senhoras – não as de altar, mas aquelas que cada qual acolhe em si para fortalecer-se e justificar-se humanamente, resumidas num requinte: "senhoras em mim mesma".

É nesse trânsito pela emoção universalizada que esgravata em si, que Ana vai filigranando imagens de quem maneja e doma o discurso. Inventa aliterações, justaposições, comparações, metáforas e metonímias, recursos que resultam em fraseados inusitados e belas expressões com ritmo e fluência.

Enquanto Ana parece falar de si – e certamente fala – faz nesses poemas uma reflexão ou uma prospecção ou mesmo uma devassa corajosa de carências e lacunas que instigam como cilícios e bem podem servir como uma espécie de guia na intimidade de cada leitor/fruidor dos intensos poemas deste belo Oratório.

AERCIO FLAVIO CONSOLIN

PRECE I..19
CORDÃO..20
PRECE II...21
CASULO..22
VORAZ..23
PRECE III..24
PARTILHA...26
ALERTA...28
PRECE IV...29
AVERIGUAÇÕES PARA O ANO NOVO..................30
PRECE V..31
BAILE..32
PRECE VI...33
GUARDA-ROUPA..................................36
DEIXA...37
COZEDURA...38
PRECE VII..39
TOCATA..40
SAUDADE..41
PRECE VIII...43
A ESPOSA...44
DEPOIS...45
PRECE IX...46
CHEGADA...47
ACALANTO...48
GRACIAS A MERCEDES........................49
DUO..50
PRECE X..51

PRECE I

sagrado altar das belezas
dos impossíveis propósitos, dos importantes abraços
diante de ti, humanamente, peço

não me deixe mais padecer do medo
e do arremedo
porque assim foi

e que eu, vicejante, seja

CORDÃO

assim como o trigo vergado pela chuva
deito-me ao imperioso afago
de um grosso cordão de sete mil fibras
embebido em óleo de bétula e oliva
que aperta e desliza suave e rigoroso
cada parte do corpo esquecida
ou dolorosa
grande cordão oleado e aquecido
alinhado com o que urge e o que deve ir embora
unge de amores rígidos grãos
tojos, rumores
e me devolve extensa e airosa
ao novo cultivo

PRECE II

anjo nosso da noite de ninguém
guarda os olhos do dia
enquanto nos perdemos em funda travessia
canta e silencia incansável indagação
enquanto, traje de plumas e espada em punho,
dançamos e perpassamos camadas
defende nossa predestinação à morte
enquanto, irreais, existimos

CASULO

caso descaso
refaço a teia sem perceber
há sete dias no vão
na casa que me alimenta
no casulo que é morte e é vida também
que é luto e é aprumar-se
lavo os panos alivio gavetas
recolho-me aos incômodos
às inconclusas preces me deito
sou eu mesma a minha rede
e ainda que eu saia e olhe o mundo
ainda que eu encontre alguém pelo caminho
durmo ainda, pupa
mais sete dias e deixo a estufa
meu asilo meu exílio
a casa que me devolve
as asas

VORAZ

devorar
o favo e os cristais
canapés de camélia e sementes de mastruz
talos de antúrio recheados de jasmim
figo endívias hortelã
espadas de são jorge na grelha
peras quentes em calda de neve
mel de caju sobre raízes nuas
anis estrelado vinagreira roxa
no brilho do chá que desvenda o dia
uma xícara e eu mesma
de bandeja

PRECE III

nossa senhora
senhora minha
senhora em mim mesma
que eu seja a fonte mansa e profusa
de uma alegria pequenina
de um acordar em espiral
de uma espiritual matéria
que eu seja uma entre todas
e todas em mim

PARTILHA

aos filhos o amor em corpo, palavra e fotografias
o sublime silêncio depois da história
a contemplação
o doce-amargo lavrar da memória

a ninguém a armadura de dores maciças
a ser arremessada de alguma altura
ou dissolvida em um pranto qualquer

aos vizinhos a minha música, não a que se canta
ou a que se escuta
mas a que sai da boca da torneira
do tanger dos prendedores no varal
das folhas da janela que percutem e se cumprimentam
no entardecer

aos pais a luz e as cinzas no ardor de mais uma vida
uma flor, uma filha

aos irmãos nada além das velhas lembranças
aquelas que serão sempre mais relevantes

aos netos os poemas e os jabotis
que caminham extensos no tempo

às amigas as rajadas de risos e os rios de aconchego
aos amigos o sereno e indecifrável encontro

ao avô a chuva que perfuma o domingo e repara malefícios

à avó todos os jardins do mundo

ao medo o meu adeus

à minha rua o respirar dos passos e as crianças, tal como
[sementes

às árvores da minha vida as maiores honrarias
o suave perecer, as nossas sombras

ALERTA

aberta a temporada de invasões e tormentas
violado o cofre dos desejos
a combinação é revelada ao roubador:
vento frio, corpo quente
seda, sede e vinho tinto
o riso, risco embriagado e doce
nas riscas da saia
nos vincos
nas vias em cruz sobre o ventre
beijo de uva macerada
tempestade a caminho

PRECE IV

ó deus de toda a natureza
ó deusa mãe do universo
queiram-me bem
como quero eu a mim mesma
e a todas as vivas e mortas criaturas da Terra e além
e assim, querendo-me bem
permitam que esse amor corra e escorra
como os cursos de água e de ar
como o gesto
o pulsar

AVERIGUAÇÕES PARA O ANO NOVO

o início pede apreciação; a necessidade, pressa
a repetição quer o acaso; o descaso, a devoção
a cama quer histórias; o deslize, um véu; o papel, lisura
a mesa pede decisões; o instante, a percepção; a música,
[conexões
a vida quer tempero; o tomate, a erva doce; o trabalho,
[mais sabor
o sofrer pede frescor; a raiva, a clareza; a febre, um cobertor
a cantina quer a fome; as taças, os amigos; as facas, o fio
o frio pede providências; os caldos, as velhas saudades
a glória pede um pão com manteiga; a insuficiência, livros
o tédio quer baralho; o jogo, paciência
o pensamento quer ruptura; o estreitamento, imaginação
a semente quer acolhimento; o encolhimento, a alegria
o ódio quer sutura; a repressão, a orgia
a utopia quer uma ilha; a inação, a folia
a derrota quer a consolação; o desasseio, a pia
o absurdo pede contenção; o embaraço, um sorriso
a tarde quer descanso; a tolice, o esquecimento
o impasse pede intuição; a distração, essência
a poesia quer o mar aberto

PRECE V

maravilhoso vazio
madre primeira
âmago amarelo da flor
abrir e curvar que faz o elo
belo espreguiçar da ponte
no onde e no quando esteja
misteriosa mulher
que junta as pontas
e tece, a um só tempo
o filho e o pai

BAILE

sua perna esquerda atrás
meu braço direito sobre
as coxas que se aproximam mornas
meus pés se firmam
quando suas mãos conduzem meu rosto para um lado
e seus olhos me puxam para o outro
um giro do seu tronco me abre o sorriso da cabeça aos pés
minha perna direita balança se o seu braço esquerdo me
                                            [cerca os quadris
na altura daquela cicatriz que me perturba desde antes de
                                                    [existir
sua mão direita em concha, minha orla irregular
o arco, o ar sobre o meu dorso
minhas mãos quase ventosas nas suas costas
minha alma perdida, meu caminhar cativo
quando seu pé direito arrasta o meu pé esquerdo para o
                                                      [lado
me dobro e debruço o olhar sobre o seu ombro
até que a música nos conduza com maior precisão
o ardor em cada passo, pausa, sobressalto
abraço sem começo
só a dança a nos consumir e a nos redimir do que somos
quando estamos assim
do avesso

PRECE VI

senhora da penumbra e dos vendavais
que impele e desacomoda
ensombra e aflige
e que no brado prenuncia
a branda aurora
senhora mãe das trevas e das travessias
atreva-me ainda
à liberdade

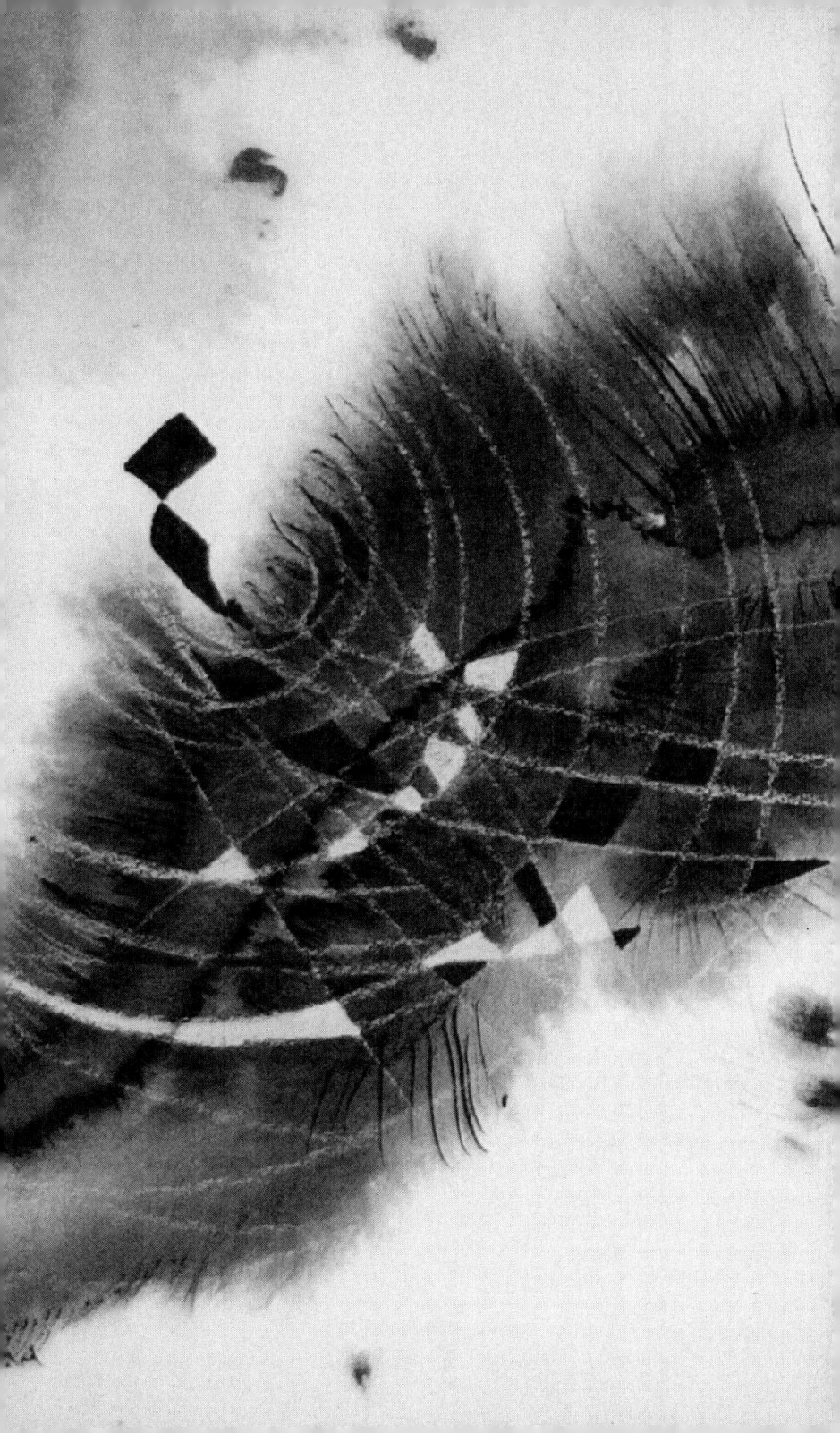

GUARDA-ROUPA

saia de sair
calça de bater perna
calcinha de oncinha
camiseta de alcinha
blusa que não usa
tanga cor de pitanga
manga longa e manga curta
linho em desalinho
botas desbotadas
bata de flores bordadas
fartas, fardas, fantasia
da festa que já terminou
lantejoula grudada na bainha do vestido
que já não me serve

DEIXA

não é queixa pela poeira dos dias
ou pelo delicado e providencial encaixe das peças
não é queixa, mas deixa que eu vá
deixa que eu vá ver
lá no altar das areias
os noivos de pedra, o beijo indissolúvel

COZEDURA

encharcar grãos e verduras
estufar a carne
o corte curado, o braseiro
e sua ausência viva que me consome

trinchar o alvoroço
reduzir desmandos
nas mãos apertadas contra o rosto
cominho, alho e limão-cravo

o sal escorrido dos olhos entre uma e outra pele
tempera esse querer-não-querer
dissabor, vigília e o mínimo fogo
enquanto houver fôlego

PRECE VII

irmãos do silêncio
– a completude no silêncio –
que a voz quieta e grande
possa emergir dos rumores
dispersando as outras tantas,
contundentes e enganadoras, do aqui fora

irmãs do silêncio
– a trégua no silêncio –
que suas intangíveis mãos
desfaçam tudo o que confunde e adoece
e tragam a pureza possível, a certeza possível
a que nasce, se perde e se refaz em mim

é o que se deseja e que assim seja

TOCATA

tudo na alma de quem devora:
cabeça, relâmpago
e o corpo mítico que paira acima dos tecidos

o querer materializado
o beijo que antecede o pressentimento
sulco, arranhadura e alavancas

a robustez do ar, o hálito onde mergulho
cega e absoluta

SAUDADE

saudade sua dói não grande, mas lenta
e reentrante
por isso devo inspirar imenso para alcançá-la
e expirar leve para que saia devagar
e nesse alternar me distraio
até o dia da primavera seguinte
até que eu tenha o passo ao lado do passo seu
na borda sombreada do futuro
sob os limoeiros carregados
dos verdes sonhos

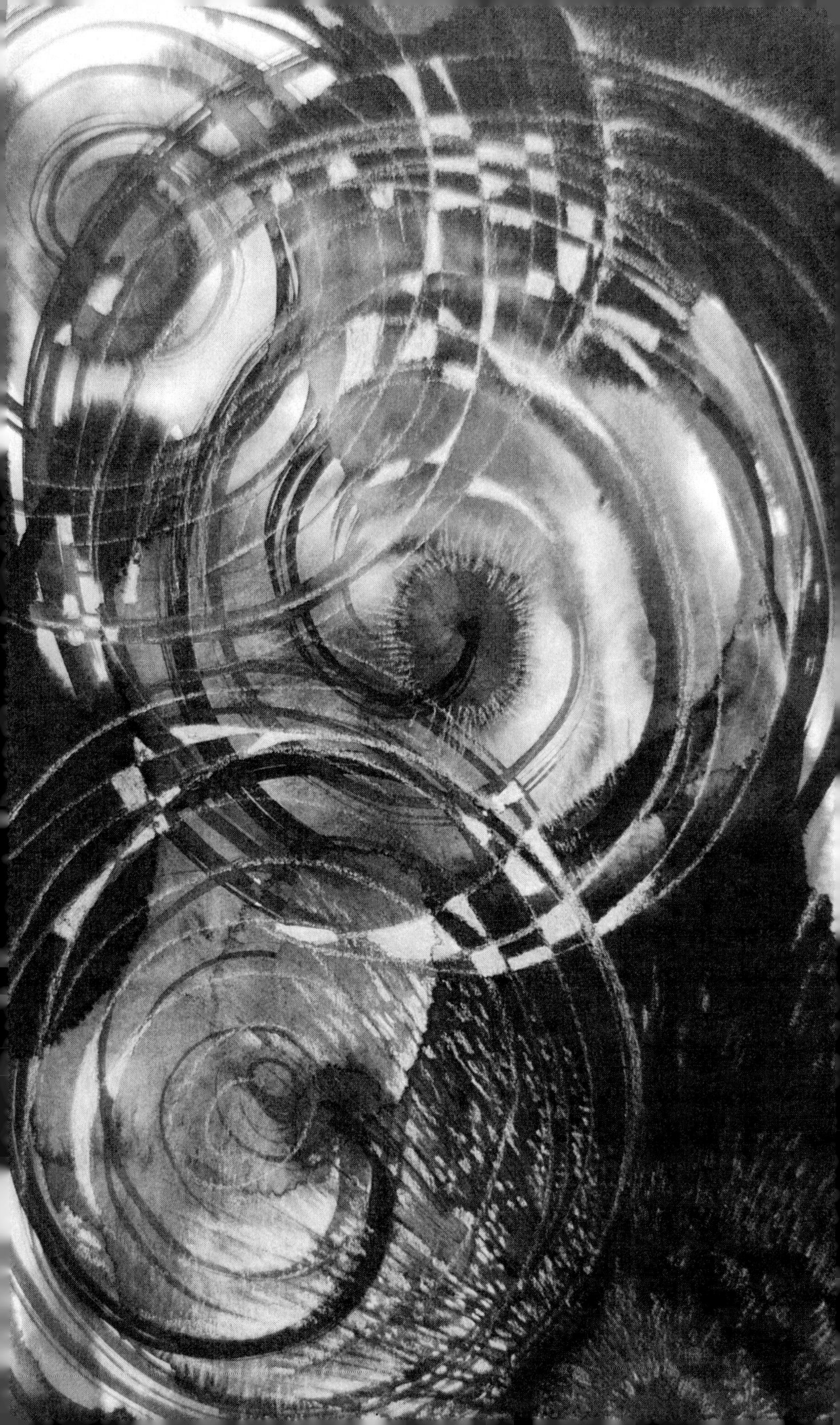

PRECE VIII

anjo sereno
de tudo o que soa e silva
de tudo o que baila revoa e no ar passeia
anjo das serenatas
deixa-me também efêmera como o som
fluida como a canção
calma e nunca cansada
amém

A ESPOSA

a esposa enche a casa de flores
rosa vermelha boca-de-leão
beijo-de-moça sempre-viva
açucena amor-perfeito
dama da noite
cravo e antúrios no fundo
trepadeira pelos cantos
gloriosa unha-de-gato
amor-agarradinho
dália na encosta úmida
maria-sem-vergonha bem rente à cerca
narciso bastão do imperador
e o picão preto no mato, em flor
o jardim está uma beleza e a esposa, muito inspirada

o marido chega tarde
repara no sabugueiro
na flor-de-mel
e no perfume desabalado das rosas abertas
então prende um fio de arame de um lado a outro do terreno
desde o pé de acácia até o mourão entre os lírios
no fio prende uma corrente
e na corrente um bravo cão de guarda

DEPOIS

depois de chorar o mundo e secar o próprio canto
trancar as sobras e as janelas
tecer o medo com a incerteza
e estar e estar no mesmo lugar
sem tropeçar em outros olhares
entrelaçar corpo com corpo
e cantar gente com gente
depois do escárnio e da maldade
que venha, então, o dia de partir
como quem renasce ou desafoga
sair da trilha, voar como som, soar em bando
descarrilhar
na imprescindível viagem

PRECE IX

mãe, senhora
leva-me ao teu caloroso colo
lava-me com teus cheiros
amacia-me com tuas ervas
enfeita-me com as miúdas flores
acalenta-me até que alvoreça em mim o sentido
e o impulso
senhora mãe dos abertos e seguros caminhos
dá-me a hora feliz de poder soltar-te a mão

CHEGADA

fim do moto-contínuo
respiração suspensa no último acorde
inalterada pressão estanca e sustenta
a escuridão tão cheia de personagens
o corpo estático à espera de um outro, que chega
e as mãos se soltam quando o ar é enfim retomado
prelúdio, remoto, continua
depois do fim

ACALANTO

árvore sem vento
ovo no ninho
chuvisco no açude
arpejo do alaúde

campo de aveia
passo do ganso
balanço da cadeira
aposento da rainha

prado enluarado
curva do cardume
bule na cozinha
vaso na camarinha

GRACIAS A MERCEDES

por abrir da terra a garganta
e cantar na terra os passos calados

por trazer na voz o grave pungente
como quem revela uma dor antiga e original

por erguer o verde agudo azulado
de suas montanhas e planuras
libertar o mais lindo pássaro
sua voz, nossa cura

por traduzir a vida em uma única vogal
ampla e cálida a vibrar nos ossos
nossos e dos tucumanos
índios americanos e além

por ser a negra e reluzente beleza
macia e pujante como a pele do tambor
voz de vento na calmaria
palavra de pétala, infinita flor

DUO

dentro, um sem-fim de canais retortos
fora, teias arranjadas e confinamentos ao ar livre
dentro, linhas desregradas em justa comunhão
fora, a tranquilidade aparente de uma sala arrumada
dentro, o azul acende mil janelas
fora, as distrações podem turvar o céu
dentro, tudo está em curso, mesmo que de olhos fechados
fora há percalços nas calçadas
dentro, riscos vitais e o assombro que faz erguer
fora, o aprumo de um coração por vezes combalido
dentro é pesaroso quando fora não se pode dançar
fora é mais difícil quando dentro está florindo
dentro e fora imaginam-se um só, ainda que apartados
nem sempre se escutam, mesmo que vizinhos de muro
o sonho maior, quando cuidado, é o que os faz aproximar

PRECE X

deusa do renascer
do tecer e das descosturas
dos tecidos regenerados
de cada pensamento descartado, refeito, melhorado
do que apodrece e germina
deusa velha e menina
esteja aqui
esteja em mim
nos momentos de míngua e ruptura
no ocaso, no fim

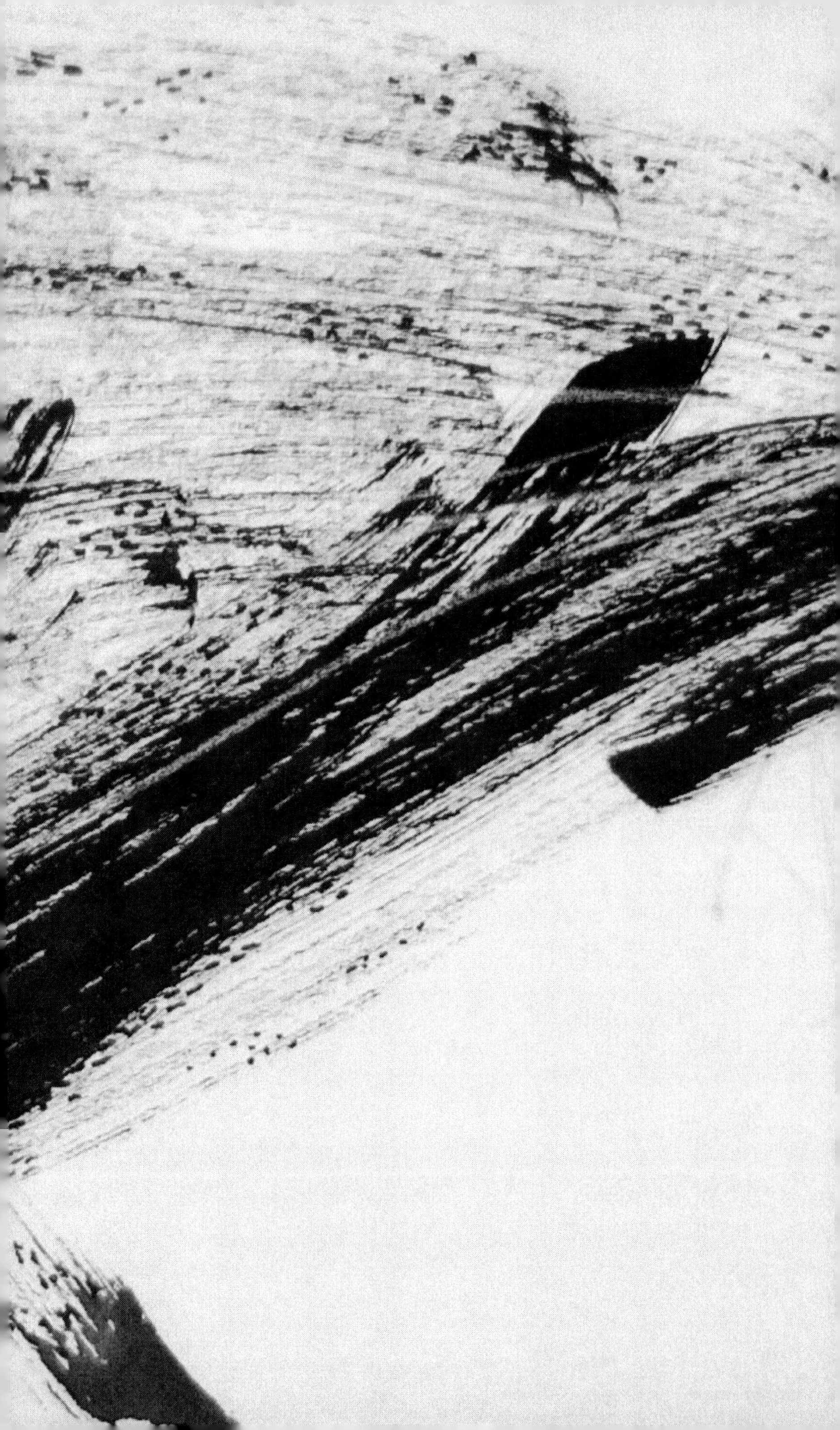

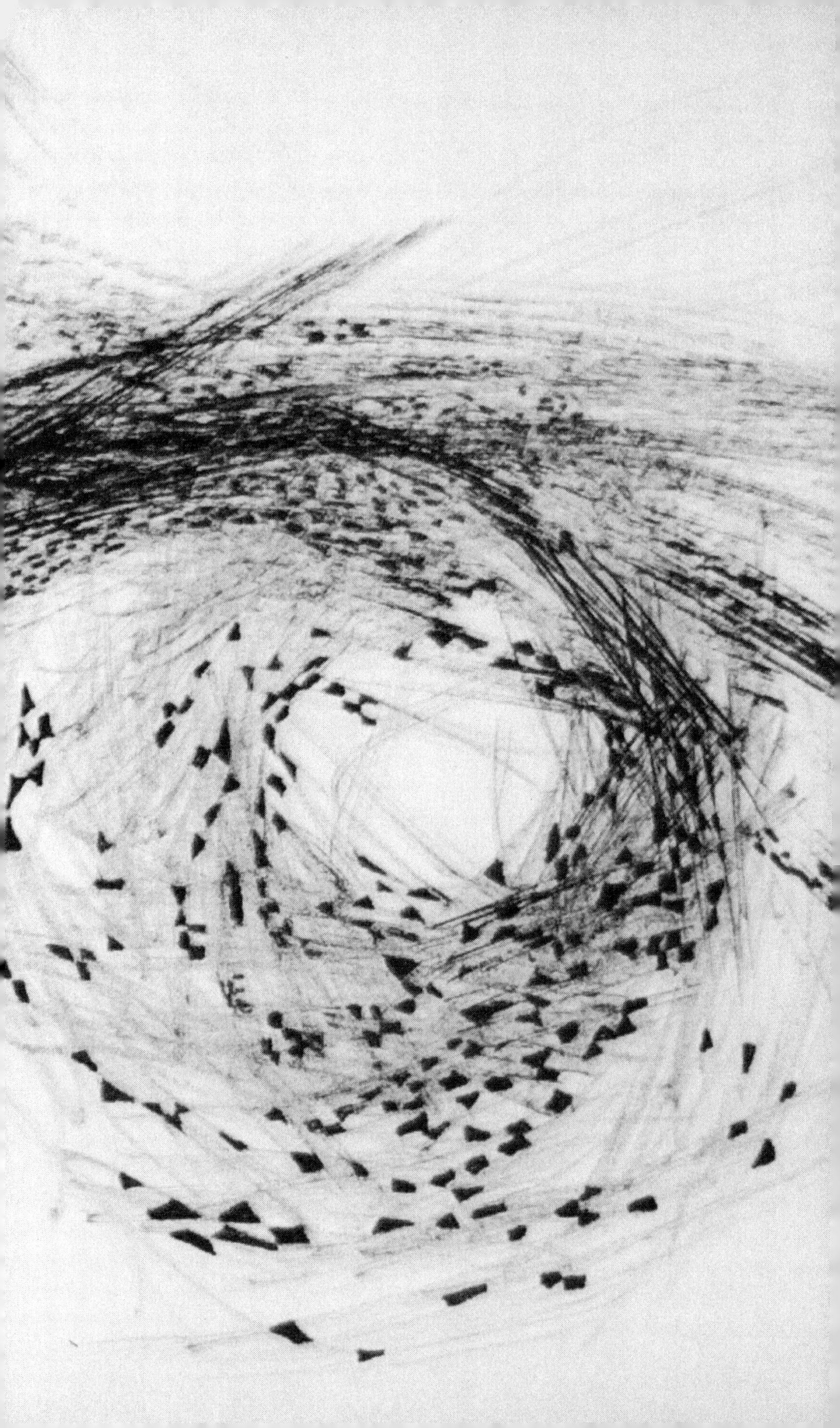

© 2023 Ana Salvagni
Todos os direitos desta edição reservados à Laranja Original

www.laranjaoriginal.com.br

Edição
Germana Zanettini
Projeto gráfico
Iris Gonçalves
Ilustrações
Kátia Nascimento
Foto da autora
Isabela Senatore
Produção executiva
Bruna Lima

Laranja Original Editora e Produtora Eireli
Rua Capote Valente, 1198
05409-003 São Paulo - SP
Tel: (11) 3062-3040
contato@laranjaoriginal.com.br

Dados Internacionais de Catalogação na Publicação (CIP)
(Câmara Brasileira do Livro, SP, Brasil)

Salvagni, Ana
    Oratório / Ana Salvagni ; [ilustração Kátia Nascimento]. -- 1. ed. -- São Paulo : Editora Laranja Original, 2023.

    ISBN 978-65-86042-68-9

    1. Poesia brasileira 2. Religiosidade na poesia.
    I. Nascimento, Kátia. II. Título.

23-149005   CDD-B869.1

Índices para catálogo sistemático:
1. Poesia : Literatura brasileira B869.1
Henrique Ribeiro Soares - Bibliotecário - CRB-8/9314

Fonte: Adobe Caslon Pro
Papel: Pólen Bold 90 g/m²
Impressão: Psi7 / Book7